Gabi Neumayer

Berühmte Entdecker

Mit Illustrationen von
Günther Jakobs

cbj ist der Kinder- und Jugendbuchverlag
in der Verlagsgruppe Random House

Unser herzlicher Dank gilt der Redaktion der Sendung mit der Maus,
besonders Fee Zingler.

Verlagsgruppe Random House FSC-DEU-0100
Das für dieses Buch verwendete FSC-zertifizierte Papier
Moorim FSC liefert Moorim Paper Co. Ltd., Korea.

Gesetzt nach den Regeln der Rechtschreibreform

1. Auflage 2010
© 2010 cbj, München
© I. Schmitt-Menzel / WDR mediagroup licensing GmbH
Die Sendung mit der Maus ® WDR
Alle Rechte vorbehalten
Lektorat: Ulrike Hauswaldt
Redaktion: Anette Weiß
Bildredaktion: Tanja Nerger
Umschlagbild und Innenillustrationen: Günther Jakobs
Umschlagkonzeption: Init. büro für gestaltung, Bielefeld
Bildnachweis für Innenfotos: AKG- Images, Berlin: 47 m. (Johann Brandstetter);
Alamy Images, UK: 19 (Dave Watts), 23 (The Art Archive), 30 (RF/Life File Photolibrary Ltd.);
BPK, Berlin: 31 (SBB), 51; Blickwinkel, Witten: 36 o. (A. Hartl); Enzyklopädie des Islam eslam.de
(www.eslam.de): 8; Interfoto, München: 36 u. (Mary Evans); Mary Evans Picture Library, London: 37 m.
(Illustrated London News Ltd.); National Library of Australia (http://catalogue.nla.gov.au/): 42 (The men who
first reached the South Pole 1912, Part of Tasmanian views, Edward Searle's album of photographs of Australia,
Antarctica and the Pacific, 1911–1915); Picture Alliance, Frankfurt: 26 (The British Library);
Picture Desk, London: 22 (The Art Archive);
Ullstein Bild, Berlin: 10 o., 35 (Granger Collection), 37 o. (adoc Photos)
Mausillustrationen: Ina Mertens
AW • Herstellung: AnG
Layout und Satz: Sabine Hüttenkofer, Großdingharting
Reproduktion: Wahl Media GmbH, München
Druck und Bindung: Starlite Printers Pte Ltd
ISBN 978-3-570-13633-1
Printed in China

www.cbj-verlag.de

Inhalt

* Alle Begriffe, die im Text farbig hervorgehoben sind, werden im Mauslexikon erklärt.

Warum haben die Entdecker
so gefährliche Reisen
unternommen?

m 16. Jahrhundert zogen so viele europäische Entdecker in alle Himmelsrichtungen aus, dass man diese Zeit »Zeitalter der Entdecker« nennt. Die Entdecker hatten unterschiedliche Gründe für ihre Reisen:

• Viele wollten einfach mal aus ihrem eigenen Land rauskommen und Abenteuer erleben.

Andere wollten eine wissenschaftliche Idee überprüfen. Zu ihnen gehörte Christoph Kolumbus: Er hatte in alten Büchern gelesen, dass eine Fahrt nach Asien über eine westliche Route möglich sei. Das bedeutete auch, dass die Erde rund sein musste. Mit seiner Reise wollte er beweisen, dass das stimmte. Aber er wollte auch reich werden und das hatte er mit den meisten Entdeckern gemeinsam.

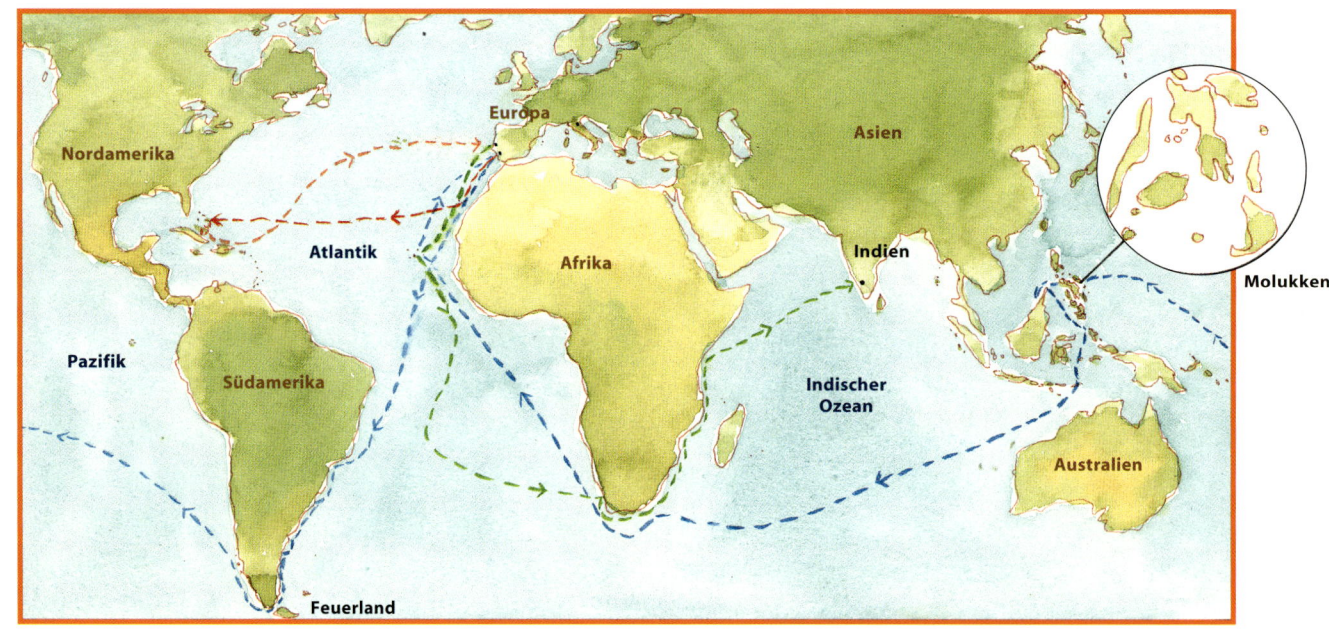

Reise von Christoph Kolumbus
Reise von Vasco da Gama
Reise von Ferdinand Magellan

Höhere Gewinne und größerer Reichtum, das war auch das wichtigste Ziel der Könige, die die Entdecker losschickten. Sie wollten exotische Gewürze, Seidenstoffe und andere begehrte Waren in Asien einkaufen. Bislang bekam man solche Waren nur von arabischen Händlern, die sie auf dem Landweg nach Europa brachten und sehr teuer verkauften. Die Könige wollten also einen Seeweg nach Asien finden, damit sie dort direkt und sehr viel billiger einkaufen konnten.

Das Zeitalter der Entdecker begann: Spanien und Portugal waren die Ersten, die Entdecker losschickten. Kolumbus fuhr nach Westen und erreichte statt Asien Amerika. Danach fuhr Vasco da Gama in die andere Richtung und fand den Seeweg nach Indien um Afrika herum. Magellan suchte kurz darauf ebenfalls einen Seeweg nach Indien und fand einen Durchgang zwischen Südamerika und Feuerland. Mitte des 16. Jahrhunderts brachen dann auch die ersten Entdecker aus England auf.

Das klingt nach viel Aufwand, doch es lohnte sich meistens. Denn in London zahlte man damals zum Beispiel 400 Dukaten für einen Zentner (= 50 Kilogramm) Gewürznelken. Auf den Molukken kostete dieselbe Menge nur 4 Dukaten!

Die Molukken, eine indonesische Inselgruppe, nannte man damals »Gewürzinseln«, weil es dort begehrte und wertvolle Gewürze wie Muskatnuss und Pfeffer gab.

Was für Gefahren gab es?

Im Dschungel hatten die Entdecker es mit giftigen Insekten, Schlangen und Raubtieren wie Tigern oder Krokodilen zu tun. Außerdem bekamen sie dort Krankheiten wie Malaria.

Stellt euch vor, ihr plant eine Ferienreise. Wenn es an eurem Ferienort heiß ist, packt ihr Sonnenmilch und T-Shirts ein – wenn es kalt ist, dicke Pullis und Winterstiefel. Ihr besorgt euch Landkarten, damit ihr euch vor Ort zurechtfindet. Und manchmal lasst ihr euch vorher noch gegen Krankheiten impfen, die dort verbreitet sind. Wenn ihr euch so gut vorbereitet, braucht ihr keine Gefahren zu fürchten – ganz anders als die Entdecker früher.

Sicher, sie rüsteten sich für eine Wüsten-Safari anders als für eine Polar-Expedition. Und sie nahmen immer Waffen mit für den Fall, dass sie auf Raubtiere oder Einwohner trafen, die ihnen feindlich gesinnt waren. Aber da hörte es auch schon auf.

Mit Piraten, Stürmen und gefährlichen Felsen bekamen es die Entdecker auf hoher See zu tun. Wenn sie lange kein Land fanden, drohten Verhungern, Verdursten und die Krankheit Skorbut.

Viele Entdecker starben auf ihren Reisen, weil sie auf Gefahren stießen, auf die sie sich nicht vorbereiten konnten. Vor allem waren das:

1 Krankheiten: In fernen Ländern gab es Krankheiten wie Malaria, gegen die die Entdecker keine Abwehrkräfte hatten.

2 Falsche Entfernungsangaben: Bis Ferdinand Magellan 1522 die Welt umrundet hatte, wusste man nicht, wie groß die Erde war. Man schätzte sie viel zu klein ein! Das führte dazu, dass Seefahrer meist viel länger unterwegs waren, als sie geplant hatten. Und für eine längere Reise hatten sie oft nicht genug Essen und Wasser dabei.

Auch im Eis gibt es wenig zu essen, sodass viele Entdecker dort verhungert sind. Erfrierungen waren ebenfalls häufig und man konnte von Eisbären angegriffen werden oder in eine Gletscherspalte fallen.

In der Wüste gibt es selten Wasser und kaum etwas zu essen. Deshalb sind viele Entdecker dort verdurstet oder verhungert. Auch an Hitzschlag kann man in der Wüste sterben und gefährliche Sandstürme gibt es ebenfalls häufig.

3 Fehleinschätzungen: In einer fremden Umgebung kann jede Fehleinschätzung zum Tod führen. So erging es zum Beispiel Burke und Wills, die die erste Entdeckungsreise durch die Wüste Australiens unternahmen.
Sie waren so klug gewesen, ein Zwischenlager mit Vorräten und Wasser einzurichten, wo Gefährten auf sie warten sollten. Von dort aus zogen sie zu sechst nach Norden weiter. Aber sie waren so lange unterwegs, dass die Gefährten im Zwischenlager dachten, sie seien umgekommen, und nicht länger warteten.
Als die sechs dann zurückkamen, fanden sie das Lager verlassen vor. Sie waren zu erschöpft, um sich weiter durchzuschlagen, und starben in der Wüste.

Welcher Entdecker hat **die weiteste Reise** gemacht?

Ibn Battuta auf einer marokkanischen Briefmarke

Ganz sicher kann man das nicht sagen. Denn wir wissen nur Genaues über die Reisen, wenn jemand darüber geschrieben hat und diese Berichte auch erhalten geblieben sind. So wie bei Ibn Battuta. Er war unter den Entdeckern, die uns heute bekannt sind, der reiselustigste: Der Araber legte in 28 Jahren rund 120 000 Kilometer zurück – das ist so viel, als würde man dreimal um die ganze Welt reisen!

Ibn Battuta lebte im 14. Jahrhundert. Er war ein Moslem, gehörte also der Religion Islam an. Und wie jeder Moslem musste auch Ibn Battuta einmal in seinem Leben die Stadt Mekka besuchen, den Geburtsort des Propheten Mohammed.

1325 brach er von Tanger in Marokko aus auf. Doch als er in Mekka war, hatte ihn das Reisefieber so gepackt, dass er gleich weiterreiste. Er erkundete viele Länder in Asien und Afrika und kehrte erst 1353 endgültig nach Hause zurück.

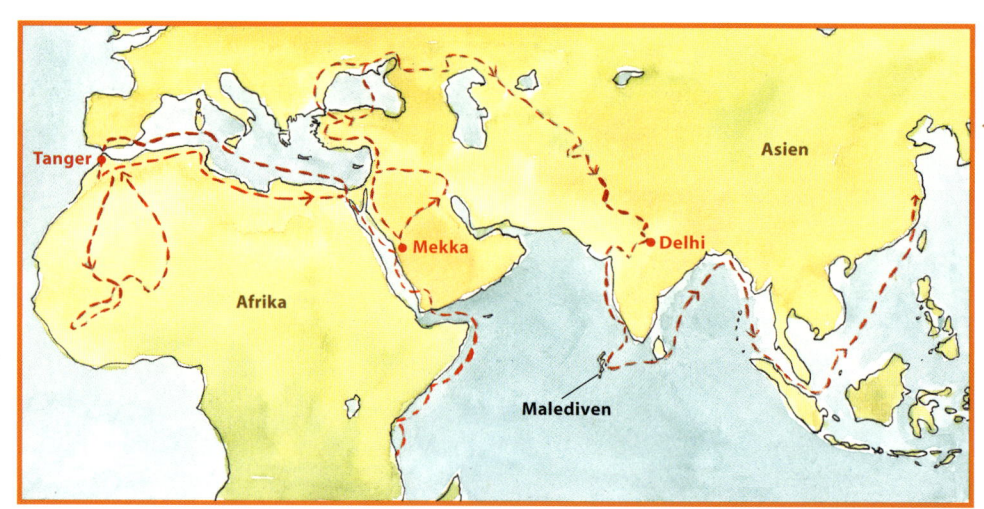

Auf seinen Reisen quer durch Afrika und Asien kam Ibn Battuta zugute, dass er ein Gelehrter war. Weil er islamisches Recht, Literatur und Religion studiert hatte, bekam er gute Posten: Der Sultan von Delhi in Indien stellte ihn als Botschafter ein und auf den Malediven war er eine Zeitlang als oberster Richter tätig.

Manchmal hielt er sich jahrelang an einem Ort auf. Aber früher oder später bekam er Schwierigkeiten mit einem launischen Herrscher oder er packte aus Reiselust wieder seine Sachen, schloss sich einer Karawane an und zog weiter.

Erstaunlich, dass Ibn Battuta seine Reisen überhaupt überlebt hat! In den 28 Jahren seiner Reise geriet er nämlich in unzählige gefährliche Situationen: Er überstand einen Schneesturm im Gebirge, zwei Schiffbrüche, einen Piratenangriff und den Ausbruch der Pest in Syrien. Aber anders als viele andere Entdecker starb er friedlich als alter Mann zu Hause.

Glücklicherweise schrieb er vorher noch seine Erinnerungen auf; sonst wüssten wir von diesem bemerkenswerten Entdecker heute gar nichts.

In Indien wurde Ibn Battuta von einer Räuberbande angegriffen.

Am 3. August 1492 brach Kolumbus mit drei Schiffen und 90 Seeleuten auf. Nach mehr als zwei Monaten Fahrt durch unbekannte und gefährliche Gewässer erreichten sie am 12. Oktober endlich Land: eine Insel vor dem amerikanischen Festland.

Damals wusste Kolumbus noch nicht, dass er etwas Neues entdeckt hatte. Er war fest davon überzeugt, er wäre schon in Indien – und nannte darum die Menschen, die er dort traf, Indianer. Für uns klingt das unglaublich. Aber zu jener Zeit dachten alle, dass die Erde viel kleiner wäre, als sie tatsächlich ist.

Auf dieser ersten Reise besuchte Kolumbus auch Kuba und Haiti. Danach fuhr er noch dreimal nach Amerika, um es zu erforschen und Gold zu finden. Aber bis zum Ende seines Lebens wusste er nicht, dass er einen ganz neuen Kontinent entdeckt hatte. Das wurde erst klar, als Amerigo Vespucci 1507 Amerika bereiste. Nach ihm wurde dieser Kontinent dann auch benannt.

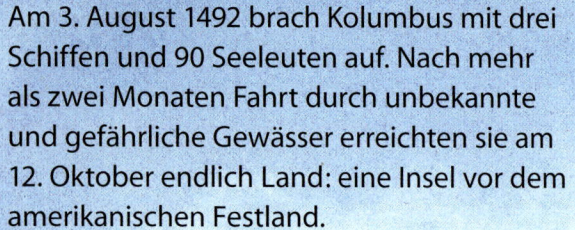

Niña

Christoph Kolumbus

Christoph Kolumbus wurde 1451 in der italienischen Stadt Genua geboren. Genua liegt am Meer, deshalb wurden viele Menschen dort Seeleute – auch Kolumbus.

Auf seinen Fahrten lernte er das Meer kennen und studierte alle Seekarten und wissenschaftlichen Bücher über die Erde und den Sternenhimmel, die er bekommen konnte. Sie brachten ihn auf die Idee, dass es möglich sein müsste, einen Seeweg nach Indien zu finden – wenn man mit dem Schiff immer nach Westen fuhr.

Aber um das zu beweisen, brauchte Kolumbus Geldgeber, die die Schiffe und Seeleute bezahlten. Zuerst versuchte er es beim portugiesischen König. Doch der lehnte ab. Er glaubte nicht an Kolumbus' Berechnungen.

Als Nächstes wandte Kolumbus sich an die spanische Königin. Es dauerte fünf Jahre, dann bekam er endlich ihre Zusage. Die Königin war sogar bereit, Kolumbus' enorme Forderungen zu erfüllen: Er verlangte ein Zehntel aller Einnahmen, die sich aus seiner Entdeckung des Seewegs nach Indien ergeben würden.

Und er wollte als Herrscher über alle neuen Gebiete eingesetzt werden, die er auf dem Weg entdeckte.

Wer hat denn nun Amerika entdeckt?

Bei dieser Frage fällt einem sofort Christoph Kolumbus ein. Doch Kolumbus war nicht der erste Mensch in Amerika: Als er am 12. Oktober 1492 dort ankam, wurde er von den Einwohnern des Landes freundlich begrüßt.

Die Vorfahren dieser Menschen, die Kolumbus »Indianer« nannte, lebten schon seit mindestens 12 000 Jahren auf dem amerikanischen Kontinent. Sie waren Mammutjäger aus Asien und hatten die Beringstraße überquert, während sie Mammutherden verfolgten. Die Beringstraße ist natürlich keine Straße mit Ampeln und Zebrastreifen: Sie war ein schmales Stück Land, das früher Asien und Amerika verband. Heute gibt es diesen Streifen Land nicht mehr; an der Stelle ist nur noch Meer.

Amerika erschien den Wikingern wie das Paradies. In ihrer Heimat Grönland war die Landschaft karg und das Klima rau – in Amerika hingegen gab es Flüsse voller Fische und üppig wachsendes Getreide.

Vor etwa 12 000 Jahren kamen Menschen aus Asien über die Beringstraße nach Amerika.

Die Wikinger erreichten Nordamerika um das Jahr 1000 herum.

Asien

Grönland

Nordamerika

Europa

→ Beringstraße
--→ Leif Eriksson/Wikinger
→ 1. Reise des Kolumbus
→ 2. Reise
····→ 3. Reise
→ 4. Reise

»Das Ei des Kolumbus« nennt man eine erstaunlich einfache Lösung für ein kniffliges Problem. Als einige Leute meinten, Amerika hätte doch jeder finden können, forderte Kolumbus sie auf, ein Ei auf seine spitze Seite zu stellen. Niemand schaffte es. Da schlug Kolumbus das Ei leicht auf den Tisch, sodass die Schale eingedrückt wurde und es stehen blieb. »Die Lösung ist einfach, aber man muss erst mal darauf kommen«, sagte er lächelnd.

Santa Maria

Pinta

Um das Jahr 1000 kamen Wikinger nach Amerika, nachdem sie die Geschichte des Händlers Bjarni Herjolfsson gehört hatten. Er war auf dem Weg zu seinen Eltern gewesen, als sein Schiff in einem Sturm abgetrieben wurde. Aus der Ferne sah er ein unbekanntes Land. Aber er war ein vorsichtiger Mann, darum fuhr er nicht näher heran. Stattdessen segelte er, so schnell er konnte, nach Grönland zurück.

Einige Wikinger, die Herjolfssons Geschichte zugehört hatten, waren mutiger: Unter der Führung von Leif Eriksson machten sie sich auf die Suche nach dem unbekannten Land. Schon bald erreichten sie es und nannten es »Vinland«, was vermutlich Weinland bedeutet. Auf einer Insel im Nordosten des amerikanischen Kontinents, die heute Neufundland heißt, überwinterten die Wikinger. Sie siedelten sich jedoch nicht dort an: Im nächsten Frühjahr zog es sie wieder nach Hause.

Vor Kolumbus hatten also schon andere Menschen Amerika besucht oder sich dort niedergelassen. Trotzdem ist es nicht ganz falsch, Kolumbus als Entdecker Amerikas zu bezeichnen. Denn mit seiner Ankunft dort begann die Eroberung und Erschließung Amerikas durch die Europäer, die bald über den ganzen Kontinent herrschten. Schauen wir uns mal genauer an, wie Kolumbus nach Amerika kam.

Leif Eriksson fuhr mit 35 Männern in einem Drachenschiff nach Amerika.

Auf der ersten Reise bekamen
die Seeleute Angst, dass ihre
Vorräte nicht reichen könn-
ten. Sie wollten Kolumbus
zur Umkehr zwingen. Bevor
es jedoch zu einer Meuterei
kam, entdeckten sie
endlich Land.

Wer hat den Seeweg nach Indien gefunden?

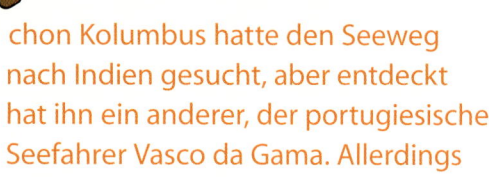

Viele Seefahrer glaubten, dass am Kap der Guten Hoffnung ein Riese namens Adamastor sein Unwesen trieb. Angeblich brachte er die Stürme, die dort tobten, und zerschmetterte die Schiffe, die das Kap umfahren wollten.

Schon Kolumbus hatte den Seeweg nach Indien gesucht, aber entdeckt hat ihn ein anderer, der portugiesische Seefahrer Vasco da Gama. Allerdings nahm er einen anderen Weg als Kolumbus: Er fuhr um Afrika herum.

König Manuel I. von Portugal schickte Vasco da Gama 1497 mit drei Schiffen und 160 Seeleuten auf die Reise. Er sollte mit dem indischen König einen Handelsvertrag abschließen.

Bislang mussten ja alle Europäer die indischen Waren bei arabischen Händlern kaufen, die sie nach Venedig brachten und dort teuer anboten.

Die Hinreise verlief gut: Die Seeleute schafften es, das gefürchtete »Kap der Guten Hoffnung« an der Südspitze Afrikas zu umrunden, und zehn Monate nach ihrem Aufbruch erreichten sie die südindische Hafenstadt Calicut (heute: Kozikode).

Die arabischen Händler in Calicut waren nicht begeistert darüber, dass die Europäer nun direkt mit Indien handeln wollten. Schließlich verdienten die Araber sehr gut an dem Handel mit Europa. Doch da Gama gelang es, mit dem Herrscher von Calicut einen Vertrag zu schließen. Reich mit Gewürzen beladen, kehrte er 1499 nach Portugal zurück. Aber wegen heftiger Stürme und Krankheiten war die Heimreise schrecklich und viele Seeleute starben.

Drei Jahre später reiste Vasco da Gama noch einmal nach Indien, diesmal mit schwer bewaffneten Schiffen. Vor Calicut griff er die arabische Flotte an und besiegte sie.
Die Portugiesen eroberten mehrere Küstengebiete und konnten von da an ungehindert indische Waren einkaufen.

Vasco da Gama schreckte nicht vor Gewalt zurück, um seine Ziele zu erreichen. Vor der indischen Küste griff er die arabischen Händler an.

17

Welche Folgen hatte es, wenn ein neues Land entdeckt wurde?

Wenn ein Land entdeckt wurde, dann hatte das ganz unterschiedliche Auswirkungen auf die Entdecker und die »Entdeckten«. Fangen wir mit den Entdeckern an:

Zu Beginn des Zeitalters der Entdecker – um das Jahr 1500 herum – waren viele europäische Seefahrer unterwegs, um neue Seewege zu Handelspartnern in Asien zu finden. Sie lernten dabei auch Gebiete kennen, von denen sie bisher noch gar nichts wussten. Dort gab es häufig Reichtümer: Gold, Silber, Diamanten oder Gewürze wie Pfeffer und Zimt. Manches

kauften die Entdecker billig ein, vieles aber stahlen sie den Menschen, die dort lebten. All das machte die Länder, aus denen die Entdecker kamen, reich und mächtig.

Die Entdecker brachten auch bisher unbekannte Pflanzen und Tiere wie Mais und Truthahn mit nach Hause, außerdem neue Ideen und Erfindungen. Ihre Reisen lohnten sich also meistens – auch wenn sie mit zahlreichen Gefahren verbunden waren.

Den Menschen in den entdeckten Ländern brachte ihre Entdeckung meist nur Schlechtes. Denn die Europäer kamen in der Regel nicht als Besucher, sondern als Eroberer. Den Menschen wurde also ihr Land gestohlen, mit all seinen Reichtümern. Häufig mussten sie sogar als Sklaven für die Eroberer schuften.

Darüber hinaus brachten die Entdecker auch unabsichtlich einiges mit, was den Menschen oder der Natur schweren Schaden zufügte.

1 **Krankheiten:** Weil die amerikanischen Ureinwohner keine Abwehrkräfte gegen Masern, Grippe oder Pocken hatten – diese

Die Menschen in den entdeckten Ländern durften meist nicht einmal ihre Religion behalten. Sie wurden – häufig mit Gewalt – zu Christen gemacht.

Krankheiten gab es dort bislang nicht –, starben sie massenhaft daran. Dort wo Kolumbus gelandet war, kamen schon in den ersten zehn Jahren Hunderttausende auf diese Weise um.

2 Eingeschleppte Tiere und Pflanzen:
Pflanzen und Tiere, die die Entdecker an Bord hatten, verbreiteten sich oft so stark, dass sie die einheimischen verdrängten. So starben allein in Australien über 50 Säugetierarten aus, weil sie den eingeschleppten Ratten und Katzen nicht entkommen konnten.

Der Beutelwolf, auch Tasmanischer Tiger genannt, war das größte fleischfressende Beuteltier, das es je in Australien gab. Der Letzte von ihnen starb 1936.

Wer ist als Erster um die ganze Welt gefahren?

Mit einem Segelboot um die Welt fahren – das ist auch heute noch ein gefährliches Unternehmen. Vor 500 Jahren jedoch wusste man noch nicht einmal, wie weit eine solche Reise ist. Der Mannschaft des Portugiesen Ferdinand Magellan gelang es trotzdem, die Erde zu umrunden.

Dabei ging es ihm gar nicht um eine Weltumseglung. Er suchte einen guten Seeweg nach Asien – wie so viele europäische Entdecker zu jener Zeit. Der Weg um Afrika herum Richtung Osten nach Asien war zu Magellans Zeit schon bekannt, aber er war lang und beschwerlich. Deshalb fuhr Magellan nach Westen, um einen einfacheren Weg zu finden.

Mit fünf Schiffen und 260 Seeleuten brach er im Oktober 1519 auf und im Dezember erreichten sie die Küste Brasiliens. Bis dahin war der Weg bekannt, aber dann begann eine zermürbende Suche nach einer Durchfahrt durch den amerikanischen Kontinent.

Durch Magellans Weltumsegelung war endgültig bewiesen, dass die Erde rund ist. Auch die Größe war nun bekannt, sodass man erstmals originalgetreue Karten zeichnen konnte.

Schließlich fanden sie einen Durchgang, durch den sie in den Pazifik gelangten – heute heißt er »Magellanstraße«. Aber der Pazifik war viel größer als erwartet. Monatelang segelten sie über den Ozean. Essen und Wasser wurden knapp und verdarben, viele Seeleute starben, bevor endlich Land in Sicht kam.

Im Jahr 1522 schließlich kehrten nur 18 Überlebende mit einem einzigen Schiff nach Spanien zurück. Magellan war nicht bei ihnen: Er war auf den Philippinen in einem Kampf getötet worden.

Die Suche nach einem Durchgang durch den amerikanischen Kontinent dauerte monatelang. Hunger und Krankheiten plagten die Seeleute und schließlich meuterten sie. Magellan bestrafte die Meuterer hart.

Diese Seeleute waren die ersten europäischen Weltumsegler. Doch noch vor ihnen hatte Magellans Sklave und Dolmetscher Enrique seine Weltumsegelung vollendet. Er stammte aus Sumatra. Und deshalb war er schon viel früher einmal um die ganze Welt herumgekommen: nämlich als Magellans Expedition auf ihrer Reise an Sumatra vorbeifuhr.

Wer war der allererste Entdecker?

Schon vor 100 000 Jahren haben die Menschen sich in neue, unbekannte Gegenden gewagt: Damals besiedelten die Urmenschen von Ostafrika aus die ganze Welt. Und vor etwa 12 000 Jahren kamen die Vorfahren der amerikanischen Ureinwohner auf der Jagd nach Mammuts von Asien nach Amerika.

Aber diese Menschen hatten nicht die Absicht, zurückzukehren. Sie waren Nomaden, das bedeutet: Sie hatten keine feste Heimat, sondern zogen immer den wilden Tieren hinterher, die sie jagten. Entdecker dagegen sind Leute, die nach ihren Entdeckungsreisen wieder nach Hause zurückkehren wollen.

Die erste Entdeckungsreise, über die es Aufzeichnungen gibt, unternahmen die alten Ägypter: Im Auftrag der Königin Hatschepsut machten sich ägyptische Seeleute um das Jahr 1500 v. Chr. auf eine Reise ins Innere Afrikas.

Etwa 200 v. Chr. machte sich der Chinese Zhan Qian auf eine lange Entdeckungsreise über Land. Er bereiste viele Länder, die die Chinesen noch nicht kannten. Und er erschloss damit einen Weg für den Handel mit Europa:

Die Expedition der Ägypter war sehr erfolgreich: Aus dem Land Punt brachten sie Gold, Gewürze und Elfenbein mit nach Hause.

Dieses Netz aus Karawanenstraßen wurde später Seidenstraße genannt.

Um das Jahr 900 herum entdeckten die Wikinger Grönland und Leif Eriksson kam etwa hundert Jahre später sogar bis Amerika. Darauf gibt es mehrere Hinweise in alten nordischen Geschichtsbüchern und Sagen.

1500 Jahre nach Zhan Qian bereiste Marco Polo als einer der ersten Europäer die Seidenstraße.

Auch vor dem Zeitalter der Entdecker waren also schon viele Entdecker unterwegs. Wer allerdings der Allererste war, das werden wir nie erfahren. Denn je weiter man in die Vergangenheit schaut, desto weniger Belege findet man. Manchmal gibt es als Beweis für eine Reise nur ein paar zufällig erhaltene Notizen oder einen Bericht von jemandem, der davon gehört hat, aber nicht selbst dabei war.

Schon vor über 2500 Jahren lernten die Griechen und andere Mittelmeervölker auf ihren Entdeckungsreisen alle Länder rund ums Mittelmeer kennen.

Wie lebten die Entdecker auf ihren Schiffen?

Die meisten europäischen Entdecker waren im 15. und 16. Jahrhundert mit Karavellen unterwegs. Das waren kleine, wendige Holzschiffe, die durch ihre speziellen Segel Gegenwind und Seitenwind besser ausnutzen und Stürme gut überstehen konnten.

An Bord hatten etwa 25 See-leute Platz, doch oft fuhren viel mehr mit. Dann war es so eng an Bord, dass viele nicht einmal eine eigene Koje zum Schlafen hatten, sondern sich aufs Deck legen mussten. Einen Vorteil hatte das: Es stank dort nicht so.

Weil auf den Schiffen der Platz knapp war, konnte man nur wenig Wasser mitnehmen. Das brauchte man alles zum Trinken – zum Wa-schen war nichts übrig!

Eine Kombüse, also eine Schiffsküche, gab es in der Regel nicht. Gekocht wurde über einer Feuerstelle auf Deck. Insgesamt war das Leben an Bord hart. Aber die Matrosen hatten auch Freizeit. Dann schliefen sie, aßen, spielten Karten- und Würfelspiele oder erzählten sich Geschichten von fernen Ländern und Seeungeheuern.

Nicht alle Entdecker fuhren übrigens auf Karavellen. Welche Schiffe sie hatten, hing vor allem davon ab, aus welchem Land sie kamen. Aber eins hatten alle Entdeckerschiffe gemeinsam: Das Leben an Bord war kein Zuckerschlecken – vor allem wenn die Reise länger dauerte als geplant.

1 Der Bootsmann beaufsichtigt die Matrosen.

2 Der Steuermann liest die Karten und sorgt dafür, dass der Kurs gehalten wird.

3 Der Kapitän trifft als Chef alle wichtigen Entscheidungen.

4 Die Matrosen führen alle Arbeiten an Bord aus. Vor allem richten sie die Segel ständig am Wind aus.

5 Das Wasser wird schnell faulig. Weil Alkohol länger haltbar ist, nimmt man auch Wein und Bier mit.

6 Als Proviant wird nur eingepackt, was sich lange hält: eingesalzenes Fleisch, trockener Schiffszwieback, außerdem lebende Tiere.

7 Die Kojen sind meist nur harte Bretter.

8 Sämtliche Ersatzteile für Reparaturen müssen an Bord sein. Unterwegs gibt es normalerweise keine Möglichkeit, etwas zu besorgen.

Wie haben die Seefahrer früher den richtigen Weg gefunden?

Heute finden wir unseren Weg in einer fremden Stadt mit einem Stadtplan und im Auto orientieren wir uns mit dem Navi. Doch die Entdecker fuhren in unbekannte Gebiete, von denen es noch keine Karten gab – und das Navi war noch nicht erfunden.

Die Seefahrer hielten sich früher, solange es ging, nah an der Küste.

Von den bekannten Küsten gab es ab dem 13. Jahrhundert gute Karten: Portolane. Sie zeigten zwar nur die Küsten – »portus« ist das lateinische Wort für »Hafen« –, aber die sehr genau.

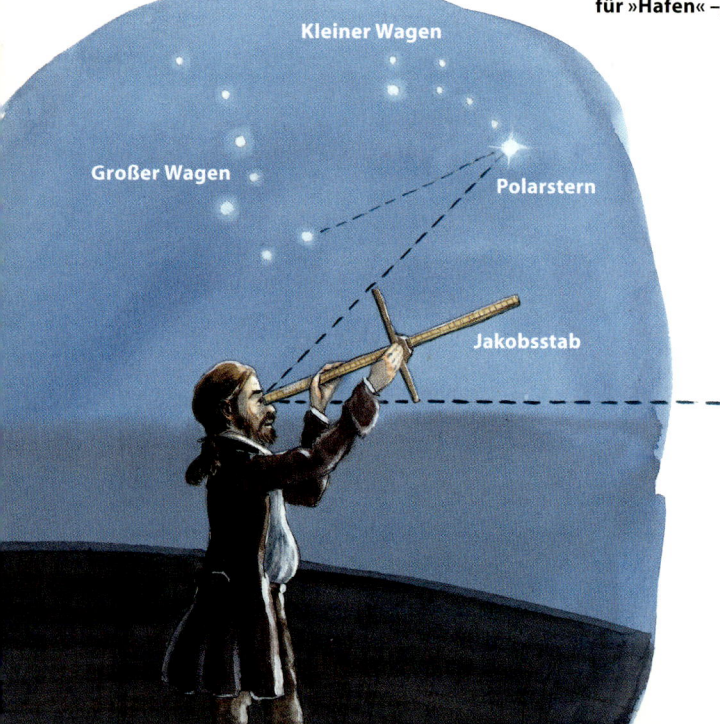

Kleiner Wagen

Großer Wagen

Polarstern

Jakobsstab

Wenn sie auf das Meer hinausfuhren, hatten sie als Orientierungspunkte nur den Sonnenstand und die Sterne. Auch damit kann man sich zurechtfinden. Nachts zeigt bei uns auf der nördlichen Erdhalbkugel der Polarstern an, wo Norden ist. Er ist der Stern am Ende der Deichsel des Sternbilds »Kleiner Wagen«. Und wenn man weiß, wo Norden ist, kann man auch die anderen Himmelsrichtungen bestimmen – zum Beispiel mit einem Jakobsstab.

Landkarten für die neu entdeckten Gebiete waren damals streng geheim, damit niemand die Reichtümer dort stehlen konnte: Weder die Entdecker noch diejenigen, die die Karten zeichneten, durften über Einzelheiten sprechen.

Dadurch wurde es im Zeitalter der Entdecker dann auch möglich, genaue Karten von den neu entdeckten Gebieten und den Wegen dorthin zu zeichnen.

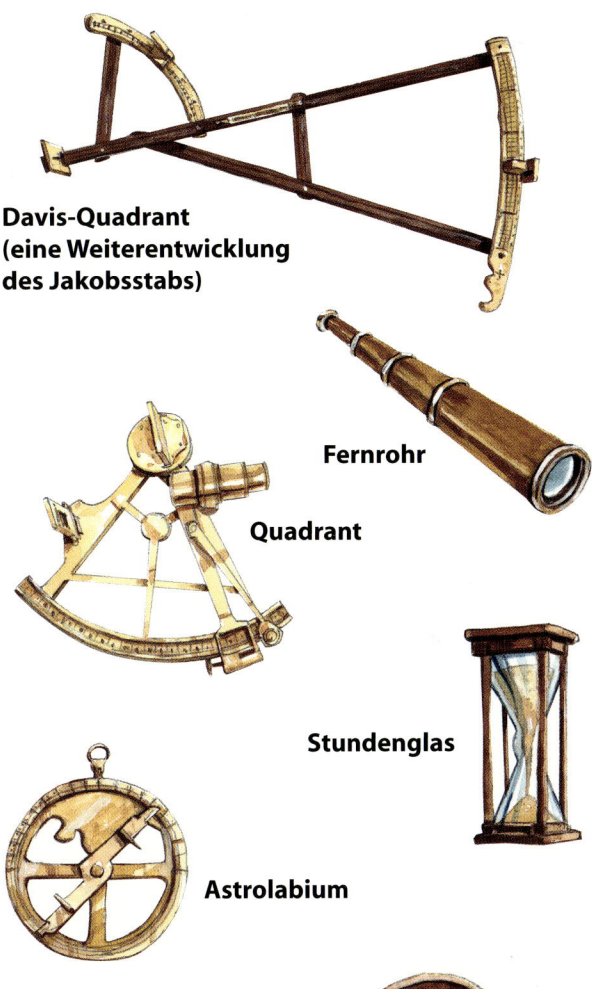

Davis-Quadrant (eine Weiterentwicklung des Jakobsstabs)

Fernrohr

Quadrant

Stundenglas

Astrolabium

Kompass

Diese Instrumente hat man im 15. und 16. Jahrhundert zur Orientierung auf See verwendet.

Auch die Sonne verrät uns die Himmelsrichtungen: Sie geht morgens im Osten auf, steht mittags im Süden und geht abends im Westen unter.

Aber all das funktioniert nur, wenn keine Wolken am Himmel stehen. Deshalb war es eine große Verbesserung für die Seefahrer, als sie einen Kompass zur Verfügung hatten. Er wurde wahrscheinlich von den Chinesen erfunden und ab dem 13. Jahrhundert auch von europäischen Seeleuten verwendet. Der Kompass zeigt immer an, wo Norden ist – auch wenn der Himmel bewölkt ist. Mit einem Kompass konnten die Entdecker also bei jedem Wetter die Richtung bestimmen, in die sie fuhren, und ihren Kurs halten.

Nach und nach wurden weitere Instrumente erfunden, mit denen Seefahrer immer genauer bestimmen konnten, wo sie gerade waren.

Wer war Sacagawea?

Die beiden Soldaten Meriwether Lewis und William Clark bekamen 1804 vom Präsidenten der USA den Auftrag, den »Wilden Westen« zu erkunden. Sie stellten einen kanadischen Pelzhändler ein, der die Expedition durch das unbekannte Gebiet führen sollte.

Der Pelzhändler brachte seine Frau mit: Sacagawea. Diese Indianerin vom Stamm der Schoschonen war als Kind geraubt und verkauft worden.

Als Lewis und Clark ihren Mann einstellten, war Sacagawea siebzehn Jahre alt und schwanger. Schnell stellte sich heraus, dass sie für die Expedition eine viel größere Hilfe war als ihr Mann: Sie kannte viele Wege noch aus ihrer Kindheit und übersetzte, wenn man auf Indianer traf.

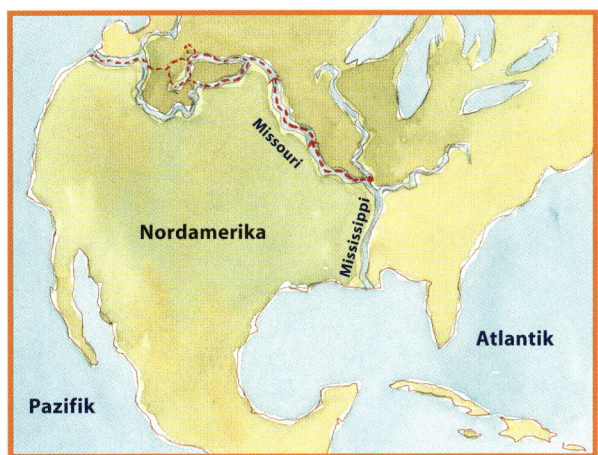

Die Expedition von Lewis und Clark führte von den Südstaaten der USA bis in den äußersten Nordwesten des Landes.

Sacagaweas Sohn Baptiste wurde auf der Expedition geboren. Er wuchs bei William Clark auf und wurde später ein berühmter ...Reiseführer!

Einheimische Führer wie Sacagawea waren für Entdecker sehr wichtig, wenn sie ein neues Land erforschten. Sie zeigten den Entdeckern nicht nur den Weg – sie kannten sich auch mit den Besonderheiten des Landes aus und halfen den Entdeckern zu überleben.

Weil sie außerdem mit den Bewohnern des Landes vertraut waren, konnten sie manchen Streit vermeiden helfen. So auch Sacagawea: Als die Expedition auf Schoschonen traf, dachten die zunächst, sie hätten Feinde vor sich, und wollten angreifen. Doch dann erkannte einer der Indianer Sacagawea, und so verlief die Begegnung doch noch friedlich.

Die Reise von Lewis und Clark wurde weltberühmt – auch weil die beiden ausführliche Tagebücher schrieben, in denen sie die Tiere, Pflanzen und Menschen, die sie kennenlernten, genau beschrieben. Und damit wurde Sacagawea zu einer der berühmtesten Indianerinnen der amerikanischen Geschichte.

Wenn die Expedition auf Indianer traf, übersetzte Sacagawea auch.

Wie bekamen neu entdeckte Länder ihre Namen?

Die meisten Länder und Orte, die die Europäer entdeckten, hatten natürlich schon einen Namen – von den Menschen, die dort lebten. Trotzdem gaben die Europäer ihnen oft neue Namen. Dafür wählten sie meist eine dieser Möglichkeiten:

1 **den Namen des Entdeckers:** Tasmanien ist nach Abel Tasman benannt, Amerika nach Amerigo Vespucci, der Hudson-River nach dem englischen Seefahrer Henry Hudson, und die Cook-Inseln heißen so nach James Cook.

2 **eine Eigenschaft des Ortes:** Magellan nannte den Pazifik – das heißt übersetzt: Stiller Ozean – so, weil das Meer sehr ruhig war, als er es befuhr.

3 **ein Erlebnis:** Port Natal bedeutet »Weihnachtshafen«. Vasco da Gama nannte die südafrikanische Stadt (heute: Durban) so, weil er sie zu Weihnachten erreichte.

4 **das Ziel des Entdeckers:** Die Portugiesen benannten afrikanische Länder häufig nach dem, was sie dort suchten: Goldküste, Elfenbeinküste, Sklavenküste.

Die Insel Barbados heißt so wegen ihrer Feigenbäume. »Los barbados« bedeutet auf Portugiesisch »die Bärtigen«. Ihre Luftwurzeln lassen die Bäume wie bärtige Männer aussehen.

In den Ländern stießen die europäischen Entdecker und Forscher ebenfalls auf vieles, dem sie einen eigenen Namen geben wollten. Der Naturforscher, nach dem wohl die meisten Orte, Flüsse, Tiere und Pflanzen benannt sind, ist Alexander von Humboldt.

Nach Alexander von Humboldt sind viele Orte und Flüsse benannt. Obwohl er und sein Freund Bonpland keine Bergsteigerausrüstung hatten und in ganz normaler Kleidung unterwegs waren, bestiegen sie als Erste den über 6000 Meter hohen Chimborazo in Ecuador fast bis zum Gipfel.

PRESTONIA mollis.

Humboldt kehrte mit etwa 60 000 Pflanzenproben und so vielen Aufzeichnungen zurück, dass er fast 30 Jahre brauchte, um alles auszuwerten. Er schrieb fast 40 Bücher.

Mit einem Freund bereiste er jahrelang Mittel- und Südamerika. Dabei erforschte er die Menschen, die Tier- und Pflanzenwelt und das Wetter – und er vermaß Küsten und Berge.

Alexander von Humboldt erforschte Südamerika nicht nur gründlich, sondern verstand sich auch mit den Menschen dort gut. Deshalb nennen viele ihn den eigentlichen Entdecker Südamerikas. Er behandelte die Menschen, die dort lebten, nämlich mit Respekt, und das war ungewöhnlich: Die meisten Europäer betrachteten sie nur als billige Arbeitskräfte und beuteten sie und das Land rücksichtslos aus.

Wie lebten die Menschen
im Zeitalter der Entdecker in Europa?

ie meisten Entdeckungen wurden zwischen 1450 und 1550 gemacht. Die wichtigste europäische Handelsstadt war damals Venedig. Schauen wir uns das Leben in dieser Stadt näher an, indem wir die Folie umklappen.

Durch den einträglichen Handel mit Waren aus Asien geht es Menschen wie diesem Tuchhändler **1** sehr gut. Der Handel mit Seide aus China hat ihn so reich gemacht, dass er sich ein prächtiges Haus mit teuren Glasfenstern leisten kann. Händler wie er haben großen Einfluss in der Stadt.

Und ihr Reichtum verhilft auch anderen zu gut bezahlter Arbeit, zum Beispiel den Malern ❷.

Der größte Teil der Bevölkerung lebt aber in Armut und Elend. Viele der Hafenarbeiter ❸ beispielsweise waren früher Bauern. Doch immer mehr Bauern verarmen und fliehen in reiche Städte, um dort zu arbeiten. Viele finden aber keine Arbeit und müssen betteln ❹ oder stehlen, um nicht zu verhungern.

Da geht es sogar manchem Sklaven ❺ noch besser. Obwohl der christliche Glaube verbietet, Sklaven zu halten, gibt es reiche Leute, die Sklaven kaufen und im Haushalt oder in ihren Fabriken einsetzen.

Die Frau des Tuchhändlers ❻ wird von ihrem Mann geachtet. Sie verwaltet den Haushalt und das Geld. Die meisten anderen Frauen, egal ob arm oder reich, werden von ihren Männern jedoch wie Dienerinnen gehalten. Ihre sechsjährige Tochter ❼ kommt bald ins Kloster, wo sie dann acht Jahre lang erzogen wird. Die Söhne wohlhabender Eltern werden stattdessen oft von einem Hauslehrer ❽ unterrichtet. Kinder ärmerer Eltern besuchen eine Gemeinschaftsschule und fangen meist schon mit neuen Jahren als Hilfskräfte ❾ an, zum Beispiel bei einem Maler. Aber für alle Kinder gilt: Sie werden streng erzogen und dürfen keinen Lärm machen.

Wie wurde Australien erkundet?

Cooks erste Expedition in die Südsee führte ihn nach Neuseeland und Australien.

Als die ersten Europäer nach Australien kamen, lebten dort schon seit 40 000 Jahren die Aborigines, die australischen Ureinwohner. Die Europäer – genauer: die Holländer – entdeckten Teile Australiens erst um das Jahr 1600 herum. Dass »Neuholland«, wie sie es nannten, ein eigener Kontinent war, wussten sie jedoch nicht; das fand erst der Engländer James Cook heraus.

Dieser berühmte Entdecker und Forscher unternahm ab 1770 insgesamt drei Reisen, auf denen er Australien und große Teile der Südsee gründlich erforschte – später kamen auch noch Hawaii und ein Teil Nordamerikas hinzu. Dabei stießen er und seine Mannschaft immer wieder in unbekannte Gebiete vor und mussten mit großen Gefahren fertig werden: Am Großen Barrier-Riff, dem gigantischen Korallenriff vor Australien, wäre ihr Schiff beinahe zerschellt.

Und als sie am südlichen Polarkreis zwischen riesigen Eisbergen hindurchfahren mussten, konnten sie sich und ihr Schiff mehr als einmal nur durch ein gewagtes Manöver retten.

Cook und die anderen Forscher an Bord sammelten und beschrieben viele bis dahin in Europa unbekannte Tiere und Pflanzen wie das Känguru und den Eukalyptusbaum.

Erst 1761 – fast dreihundert Jahre nach Kolumbus – wurde eine Uhr erfunden, die so genau ging, dass man Entfernungen berechnen konnte. Dies hier ist die Uhr, die Cook auf seiner zweiten Reise dabeihatte.

Cook war ein großer Abenteurer und Entdecker, aber er war auch mit Leib und Seele Wissenschaftler. In mühsamer Kleinarbeit zeichnete er hervorragende und sehr genaue Karten von all den Gebieten, die er erkundete.

1750 fand ein Arzt heraus, dass die Seefahrerkrankheit Skorbut durch Vitamin-C-Mangel verursacht wird. Cook brachte seine Leute mit einem Trick dazu, Sauerkraut und Zitronen voller Vitamin C zu essen: Er lud alle Matrosen zum Essen ein und verschlang dann genüsslich Sauerkraut und trank Zitronensaft. Alle machten es ihm nach – was der Kapitän mochte, musste ja gut sein!

Gab es auch Entdeckerinnen?

»Ctenopoma kingsleyae« ist einer der Fische, die Mary Kingsley entdeckte und die nach ihr benannt wurden.

Für Frauen war es früher viel schwerer als für Männer, auf Entdeckungsreise zu gehen. Sie hatten weniger Rechte als Männer. Sie durften nicht studieren und in der Regel hatten sie auch keinen eigenen Besitz. Allein reisen durften sie ebenfalls nicht – oder sie wurden zumindest schief angesehen, wenn sie es taten. Nur sehr mutige Frauen setzten sich über diese Verbote und Regeln hinweg.

Es gibt noch einen Grund, warum man nur wenig über Entdeckerinnen weiß: Die Geschichte der Entdeckungen wurde von Männern aufgeschrieben – und die schenkten Frauen kaum Beachtung. So glaubte man bis vor Kurzem, dass Kolumbus nur Männer auf seine Reisen mitgenommen habe. Aber dann fand man das Skelett einer europäischen Frau auf dem Friedhof der ersten Siedlung, die Kolumbus in Amerika gegründet hat. Diese Frau muss mit ihm gefahren sein, auch wenn das nirgendwo vermerkt ist.

Etwas mehr weiß man über die Frauen, die im 18. und 19. Jahrhundert als Forscherinnen unterwegs waren. Eine der berühmtesten ist die Engländerin Mary Kingsley.

Mary Kingsley lehnte Hosen ab und trug auch im Dschungel immer einen schweren Rock. Als sie in eine Tierfalle voller spitzer Holzpfähle fiel, rettete ihr das das Leben. »Hätte ich mich für männliche Kleidung entschieden«, schrieb sie später, »wäre ich bis auf die Knochen durchbohrt gewesen.«

Mary Kingsley (1862–1900)

Als sie 30 Jahre alt war, starben ihre Eltern, für die sie gesorgt hatte. Zum ersten Mal in ihrem Leben hatte sie keine Verpflichtungen. Mit etwas Geld und einem Revolver brach sie sogleich ins Land ihrer Träume auf, nach Westafrika. Sie erkundete das Landesinnere, überstand Fahrten auf reißenden Flüssen und Krokodil-Angriffe – und entdeckte neue Fischarten und Pflanzen.

Zurück in England, schrieb sie Bücher und hielt Vorträge. Dabei sagte sie offen, dass sie gegen die Sklaverei war, und vertrat ihre Meinung auch Männern gegenüber. Doch von Frauen erwartete man damals, dass sie sich zurücknahmen und Männern nicht widersprachen. Deswegen bekam Mary Kingsley

große Schwierigkeiten. Und so ging sie wieder nach Afrika, wo sie bis zu ihrem Tod als Krankenschwester arbeitete.

Die Österreicherin Ida Pfeiffer (1797–1858) unternahm mehrere Weltreisen und schrieb 13 Bücher darüber.

Die Amerikanerin Mary French Sheldon (1848–1936) führte 1891 als erste Frau eine Expedition zum Berg Kilimandscharo in Afrika.

Warum war der Forscher Livingstone verschollen?

Das fragte sich im Jahr 1870 die ganze Welt. Denn man hatte schon seit drei Jahren nichts mehr von dem berühmten Afrikaforscher David Livingstone gehört.

Als er im Jahr 1841 zum ersten Mal nach Afrika kam, hatte er eigentlich gar nicht vor, den Kontinent zu erforschen. Er wollte als Missionar die Menschen in Afrika zu Christen machen. Doch schon bald faszinierte ihn das Land mit seinen Wüsten und Dschungeln so sehr, dass er beschloss, lieber Entdecker zu werden.

Livingstone reiste ins Innere Afrikas, dorthin, wo noch nie ein Europäer gewesen war.

Je mehr Berichte und Bücher über seine Entdeckungen erschienen, desto berühmter wurde er. Zum Beispiel dafür, dass er als erster Europäer die Wasserfälle entdeckte, die er zu Ehren der damaligen englischen Königin »Victoriafälle« nannte.

Doch Livingstones allergrößter Wunsch war, die Quellen des Nils zu finden. Bislang hatte niemand sich so weit durch das Landesinnere Afrikas gewagt, dass er sie hätte finden können. Auch Livingstones Suche stand unter einem schlechten Stern: Räuber stahlen ihm fast alles, was er besaß. Trotzdem schleppte er sich weiter. Als er in einem Dorf am Tanganjikasee eintraf, war er so krank und abgemagert, dass er sich nicht mehr allein auf den Beinen halten konnte.

Das war auch der Grund, warum man nichts mehr von ihm hörte. Der amerikanische Reporter Henry Morton Stanley fuhr daraufhin nach Afrika, um Livingstone zu suchen. Nach neun Monaten fand er ihn tatsächlich und bot ihm an, ihn nach Europa zu begleiten. Doch Livingstone wollte nicht zurück. Er war besessen davon, die Quellen des Nils zu finden, und machte sich 1872 noch einmal auf die Suche. Vergeblich: Bevor er sie finden konnte, starb er an Sumpffieber.

Die Einheimischen nennen die Victoriafälle »Donnernder Rauch«. Der Rauch ist eigentlich ein Sprühnebel aus Wassertropfen. Er spritzt bis zu 300 Meter hoch, wenn das Wasser des Sambesi die 110 Meter hohe Felswand hinabstürzt.

Hat Marco Polo China entdeckt?

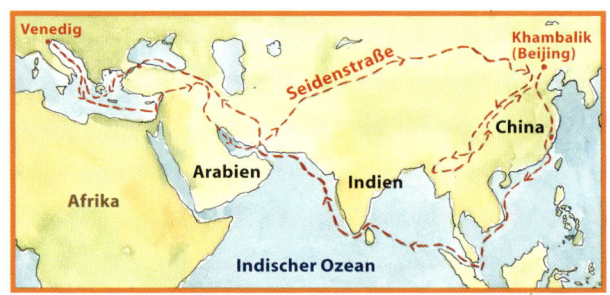

Marco Polo hat China nicht entdeckt. In Europa wusste man schon länger von diesem großen Reich. Aber er hat es als erster Europäer bereist. Die Chinesen waren damals ein Volk mit einer hoch entwickelten Kultur und sie herrschten über einen großen Teil Asiens.

Erstaunlich: Die Europäer bekamen zwar regelmäßig Waren aus China, doch Genaueres wussten sie über dieses riesige Reich nicht – bis zu Marco Polo.

1271 traten Marcos Vater und sein Onkel von Venedig aus eine Handelsreise nach China an. Den sechzehnjährigen Marco nahmen sie mit.

Sie reisten auf der Seidenstraße, dem 7000 Kilometer langen Handelsweg, der von China nach Europa führt. Hitze, Durst, Krankheiten, aber auch Räuberbanden machten ihnen auf der langen Reise zu schaffen.

Schließlich kamen die drei am Hof des Kublai Khan an, des chinesischen Kaisers. Marco Polo konnte rasch das Vertrauen des Kublai Khan gewinnen, der den begabten jungen Mann als Beamten einstellte. Als Gesandter reiste Marco Polo für den Kaiser durchs ganze chinesische Reich – das größte Reich, das es jemals auf der Welt gegeben hat. Doch trotz all der Wunder, die er sah, wollten er, sein Vater und sein Onkel irgendwann zurück in ihre Heimat. Sie erreichten Venedig 1295, 24 Jahre nachdem sie aufgebrochen waren!

Drei Jahre später nahm Marco Polo an einem Angriff auf die Stadt Genua teil und landete im Gefängnis. Nur deshalb wissen wir heute überhaupt von seiner Chinareise, denn er erzählte einem Mitgefangenen, was er in China alles erlebt und gesehen hatte. Und zu unserem Glück war dieser Mann so fasziniert von Marco Polos Geschichten, dass er sie aufschrieb.

In Italien bekam Marco Polo den Spitznamen »Il Millione«: »Eine Million Hirngespinste« nannten sie die fantastischen Dinge, die er erzählte.

Einen großen Teil des Wegs legten die Polos mit Kamelkarawanen durch Wüstengebiete zurück.

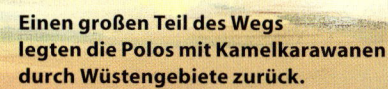

Wer war zuerst am Südpol?

Sir Robert Falcon Scott (1868–1912)

Roald Amundsen (1872–1928)

Fast gleichzeitig brachen 1911 zwei Expeditionen zum Südpol auf. Sie waren auf unterschiedlichen Routen unterwegs, aber trotzdem wurde es ein regelrechtes Wettrennen: Der Engländer Sir Robert Falcon Scott war zuerst losgezogen, aber der norwegische Forscher Roald Amundsen wollte unbedingt vor ihm am Südpol ankommen und den Ruhm dafür ernten.

Am Ende hatte Amundsen tatsächlich die Nase vorn: Er erreichte den Südpol am 14. Dezember 1911. Dass er tatsächlich am richtigen Ort angekommen war, konnte er nur durch langwierige Messungen herausfinden – es stand schließlich noch kein Schild am Südpol!

Scotts Expedition kam erst am 17. Januar 1912 an. Die Männer fanden die norwegische Fahne vor und ein Zelt, das Amundsen zurückgelassen hatte. Darin lag ein Brief an den König von

Roald Amundsen (in der Mitte) nach erfolgreicher Südpolexpedition zurück an Bord der »Fram«

Norwegen mit einer Notiz für Scott: Er möge diesen Brief dem König übergeben, für den Fall, dass Amundsen den Rückweg nicht schaffen sollte.

Doch wer nicht zurückkehrte, war Scott. Seine Motorschlitten waren kaputtgegangen und die Ponys krank geworden. Er und fünf seiner Leute kamen zwar am Südpol an, aber sie hatten kaum noch etwas zu essen und keinen Brennstoff mehr für ein wärmendes Feuer. Als dann noch Schneestürme aufkamen und es noch kälter wurde, als es in dieser Gegend ohnehin schon ist, war ihr Schicksal besiegelt. Alle fünf kamen auf dem Rückweg ums Leben.

Schon von Anfang an waren die Aussichten für Amundsen besser gewesen als für Scott. Amundsen und seine Leute bewegten sich nämlich auf Skiern und mit Hundeschlitten vorwärts, wie sie es von den Inuit, den Ureinwohnern der Arktis, gelernt hatten. Mit über fünfzig Schlittenhunden und gekleidet in warme, aber leichte Pelze, kamen die fünf Männer bei gutem Wetter schnell vorwärts. Und auch auf dem Rückweg gab es keine größeren Probleme, sodass alle gesund zurückkehrten.

Bevor er zum Südpol aufbrach, lebte Amundsen eine Weile bei den Inuit. Sie brachten ihm bei, was er zum Überleben im Eis brauchte: Robben jagen, einen Hundeschlitten führen und (für den Fall, dass die Zelte kaputtgingen) ein Iglu bauen.

Haben die Entdecker auch Gold gefunden?

Spanische Eroberer machten sich im 16. Jahrhundert auf, um die Goldschätze Mittel- und Südamerikas zu finden, von denen Kolumbus und seine Leute gehört hatten. Die Spanier fanden auch tatsächlich Gold – und das hatte für die Bewohner der eroberten Länder schlimme Folgen.

Es gab Gerüchte um eine ganze Stadt aus Gold: El Dorado. In Wirklichkeit war »El Dorado« bei den Chibcha-Indianern eine feierliche Handlung: Wenn ein Häuptling sein Amt übernahm, wurde er mit Goldstaub eingestäubt, den er in einem See wieder abwusch.

In Mittel- und Südamerika gab es damals mehrere Völker. Die mächtigsten waren die Inka, die Maya und die Azteken. Alle drei betrieben Forschung und hatten technische Erfindungen gemacht: Die Inka hatten Ärzte, die sogar Operationen am Kopf durchführten. Die Azteken bauten ausgeklügelte Wasserleitungen. Die Maya waren große Mathematiker.

Doch gegen die Konquistadoren, die spanischen und portugiesischen Eroberer mit ihren Pferden und Feuerwaffen, konnten sich diese Völker nicht lange wehren. Ihre Länder wurden erobert, die Menschen getötet oder dazu gezwungen, in den Gold- und Silberminen für die Spanier zu schuften. Vor allem zwei spanische Eroberer waren dafür verantwortlich: Hernando Cortés und Francisco Pizarro.

Cortés landete 1519 mit 500 Soldaten in Mexiko. Er wurde von den Azteken freundlich aufgenommen, denn sie hielten ihn für ihren wiedergekehrten Gott Quetzalcoatl: Er war hellhäutig wie der Gott, hatte auch »Haare aus Feuer« – Cortés war rothaarig – und sprach eine fremde Sprache, die die Sprache der Götter sein mochte. Doch er brachte den Azteken nichts Gutes, sondern Tod und Zerstörung.

Pizarro machte sich 1532 auf die Suche nach dem »goldenen Land«. Mit nur 159 Soldaten eroberte er das große Inka-Reich. Das gelang ihm, weil er den Herrscher Atahualpa bei einer günstigen Gelegenheit gefangen nahm. Atahualpa gab den Spaniern darauf die Gold- und Silberschätze des Reiches – nach heutiger Rechnung waren sie 25 bis 45 Millionen Euro wert. Trotzdem ermordete Pizarro ihn und unterwarf die Inka.

In der Hauptstadt der Azteken, Tenochtitlan, empfängt König Montezuma im Jahr 1519 Cortés und seine Soldaten. Die Stadt mit über 100 000 Einwohnern hatte damals schon gepflasterte Straßen und Abwasserkanäle.

In Europa wurden einige Leute dank des Goldes aus Amerika reich und mächtig – doch in Amerika litten die Menschen unter der brutalen Herrschaft der Europäer.

Was hat **Darwin** entdeckt?

Wie andere Naturforscher auch hat Charles Darwin viele Tiere und Pflanzen entdeckt. Seine größte Entdeckung, für die er weltberühmt wurde, machte er jedoch, als er auswertete, was er von seiner Forschungsreise mitgebracht hatte: Er entwarf eine neue Idee dazu, wie sich das Leben auf der Erde entwickelt hat. Und weil die etwas kompliziert ist, schauen wir sie uns mal an einem Beispiel an: dem Eisbären.

Alle Bären sind miteinander verwandt. Zuerst gab es die Bären, die in den Wäldern lebten und braun waren. Einige von ihnen sind dann in die Arktis ausgewandert. Dort hat einer dieser Braunbären einmal ein Junges mit weißem statt mit braunem Fell bekommen. Nach Darwins Forschungen kommen solche unvorhersehbaren Farbabweichungen bei der Vererbung häufig vor.

Von 1831 an war Darwin fast fünf Jahre lang mit dem Forschungsschiff »Beagle« unterwegs. Obwohl er ständig seekrank war, sammelte er so viele Tiere und Pflanzen, dass er für den Rest seines Lebens mit der Auswertung beschäftigt war.

Nicht nur der Eisbär, alles Leben hat sich aus früheren Formen entwickelt – auch der Mensch. Das ist die wichtigste Erkenntnis von Darwins Evolutionstheorie, der Lehre von der Entstehung der Arten. Mit ihr veränderte er die Sicht der Menschen auf die Welt und sich selbst. Viele wehrten sich damals dagegen, weil sie die Geschichten in der Bibel wörtlich nahmen. Sie glaubten, dass Gott die Welt und alle Lebewesen in wenigen Tagen genau so erschaffen habe, wie sie heute sind, und dass der Mensch »die Krone der Schöpfung« sei.

Im Wald wäre das weiße Fell sehr auffällig gewesen. Doch im Eis war der Bär damit viel besser getarnt als die anderen Bären. Er konnte sich unbemerkt an Robben heranschleichen und hatte immer genug zu fressen. Deshalb schaffte er es leicht, erwachsen zu werden und selbst Junge zu bekommen – und von denen hatten auch einige ein weißes Fell. Weil die weißen Bären besser an ihre Umgebung angepasst waren als die braunen, vermehrten sie sich immer weiter, bis es nur noch weiße Bären in der Arktis gab: die Eisbären.

Die großen Ähnlichkeiten zwischen Affen und Menschen lassen bereits vermuten, dass sie gemeinsame Vorfahren haben. Beweisen lässt sich das anhand von Millionen Jahre alten Skeletten, die genauso viele Gemeinsamkeiten mit heutigen Affen wie mit Menschen aufweisen.

Aber Darwins Theorie hat sich durch alle Fossilienfunde und wissenschaftlichen Entdeckungen bestätigt, die man seitdem gemacht hat.

Stimmt es, dass die Kartoffel aus Amerika stammt?

Die Kartoffel ist heute aus unserem Leben nicht mehr wegzudenken. Aber bis vor 500 Jahren war sie in Europa tatsächlich noch völlig unbekannt.

Damals brachte ein unbekannter Entdecker sie aus Amerika zu uns.

Anorak

Kajak

Kürbis

Tabak

Tomate

Vanille

Mais

Orchidee

Meerschweinchen

Schildkröte

Hängematte

Kakao

Papagei

Ananas

Erdnuss

Kartoffel

Geranie

Usambaraveilchen

Amerika und die anderen neu erschlossenen Gebiete hatten aber nicht nur Kartoffeln, sondern noch viel mehr zu bieten, worauf die Europäer bald nicht mehr verzichten wollten:

1 **Nahrungsmittel:** Aus Amerika kamen außer der Kartoffel zum Beispiel noch Ananas, Tomaten, Mais, Erdnüsse und Kürbisse auf unsere Esstische. Zimt, Pfeffer und Muskatnuss wurden aus Asien eingeführt.

2 **Genussmittel:** Der Tabak stammt aus Amerika, genauso wie Vanille, Kakao und Schokolade. Grüner und schwarzer Tee kamen im 17. Jahrhundert aus Asien nach Europa.

3 **Tiere:** Schildkröte und Papagei leben erst bei uns, seit sie aus Amerika mitgebracht wurden.

4 **Gegenstände:** Anorak und Kajak haben wir durch die Inuit kennengelernt, Porzellan und Seide kamen aus China und die Hängematte von den karibischen Inseln.

5 **Pflanzen:** Die Orchidee war ursprünglich in Amerika zu Hause, die Primel in China, das Stiefmütterchen in Westasien und die Geranie in Afrika.

Mit den Dingen, Pflanzen und Tieren wurden oft auch gleich ihre Namen eingeführt. Das Wort »Anorak« beispielsweise kommt aus der Inuit-Sprache Kalaallisut und bedeutet »etwas gegen den Wind«. Und »chocolatl« aus der Azteken-Sprache Nahuatl ist zusammengesetzt aus »choco« = Kakao und »latl« = Wasser. Die Azteken kannten nämlich noch keine Schokoladentafeln, sondern nur Trinkschokolade – und die war sehr bitter, denn sie wurde ohne Zucker zubereitet!

Stiefmütterchen

Porzellan

Seide

Tee

Primel

Zimt

Pfeffer

Muskat

Überall im Alltag sind Dinge um uns herum, die die Entdecker einst aus fernen Ländern mitbrachten.

49

Welche Ausrüstung braucht man als Entdecker?

Das kommt natürlich darauf an, wo der Entdecker unterwegs ist: Am Nordpol braucht man andere Kleidung als auf See, im Dschungel oder in der Wüste – und auch andere Vorräte: Entdecker müssen Wasser und Essen mitnehmen, wenn sie zur See fahren oder eine Wüste durchqueren. Wer hingegen in eisbedeckte Gegenden fährt, braucht nur etwas zu essen einzupacken – Wasser findet er als Eis überall.

Sehen wir uns mal an, was der norwegische Arktisforscher Fritjof Nansen im Jahr 1893 so alles im Gepäck hatte:

Tagebuch

Warme Kleidung

Fotoapparat

Proviant und Arzneikoffer

Fernrohr

Zelte

Waffen

Nansen musste sein festgefrorenes Schiff zurücklassen. Er setzte seinen Weg zum Nordpol mit einem einzigen Begleiter, drei Schlitten, 28 Schlittenhunden und zwei Kajaks fort.

Warme Kleidung war in der eisigen Arktis besonders wichtig. Und genügend Verpflegung, weil es im Eis außer wenigen Tieren, die man jagen kann, nichts zu essen gibt. Einen Verbandskoffer nahm Nansen natürlich auch mit, außerdem Zelte, Schlitten und Skier. Und dann packte er noch ein paar Dinge ein, die auf keiner Expedition fehlen dürfen:

1 Tagebuch: Darin beschrieb Nansen jeden Tag genau, was auf der Reise passierte, wo die Expedition gerade war und was sie entdeckte. Das Tagebuch erschien als Buch unter dem Titel »In Nacht und Eis«.

2 Fotoapparat: Zur Zeit Nansens gab es schon Fotoapparate, deshalb haben wir Aufnahmen von seiner Expedition.

3 Helfer: Jeder Entdecker und Erforscher braucht Helfer. Auch Nansen war nicht allein mit seinem Rucksack unterwegs, sondern hatte Begleiter. Und auch die tierischen Helfer waren ganz wichtig: Ohne Schlittenhunde wären Nansen und seine Leute im arktischen Eis nicht weit gekommen.

Darüber hinaus gehören bestimmte Fähigkeiten und Kenntnisse zur »Ausrüstung« jedes Entdeckers. Nansen zum Beispiel hatte keine Probleme, die Strapazen einer Reise in der Arktis körperlich durchzustehen: Er war sehr sportlich und sogar norwegischer Meister im Skispringen und im Langlauf. Und er besaß etwas, das für jeden Entdecker der wichtigste Teil seiner Ausrüstung ist: Abenteuerlust, Neugier und Mut.

Kann man heute überhaupt noch etwas Neues entdecken?

ja! Zwar haben wir heute Landkarten von jedem Zentimeter unserer Erde. Aber selbst an Land kennen wir nicht alles. Im tropischen Regenwald werden ständig neue Tiere und Pflanzen entdeckt, Forscher graben immer wieder versunkene Städte aus und wagemutige Kletterer erkunden unbekannte Höhlen.

Die Tiefsee ist bevölkert mit erstaunlichen Lebewesen, von denen wir bislang nur einen Bruchteil kennen.

Der größte Teil der Erde ist mit Wasser bedeckt und unsere Meere sind bislang kaum erforscht. Ein geübter Taucher kann nämlich nur etwa 40 Meter tief tauchen. In größeren Tiefen ist der Wasserdruck so hoch, dass Menschen das nicht aushalten können: Das Gewicht des Wassers würde sie zerquetschen. Und an seiner tiefsten Stelle ist das Meer über 11 Kilometer tief, also 11 000 Meter. Erst seit Kurzem kann man mit besonders starken Spezial-U-Booten so tief hinuntergelangen.

Dann gibt es um uns herum ja noch das ganze Universum.

Wir schicken schon lange Sonden ins All, das sind unbemannte Maschinen, die das Sonnensystem und seine Planeten erkunden. Auch Menschen wagen sich in den Weltraum vor: Viele sind schon zum Mond geflogen und in den nächsten Jahren werden einige Astronauten wohl auch den Mars erkunden.

Aber das sind alles nur »Katzensprünge«, wenn man sich die unglaublichen Ausmaße des Weltraums anschaut. Dort warten also noch jede Menge Abenteuer auf zukünftige mutige Entdecker!

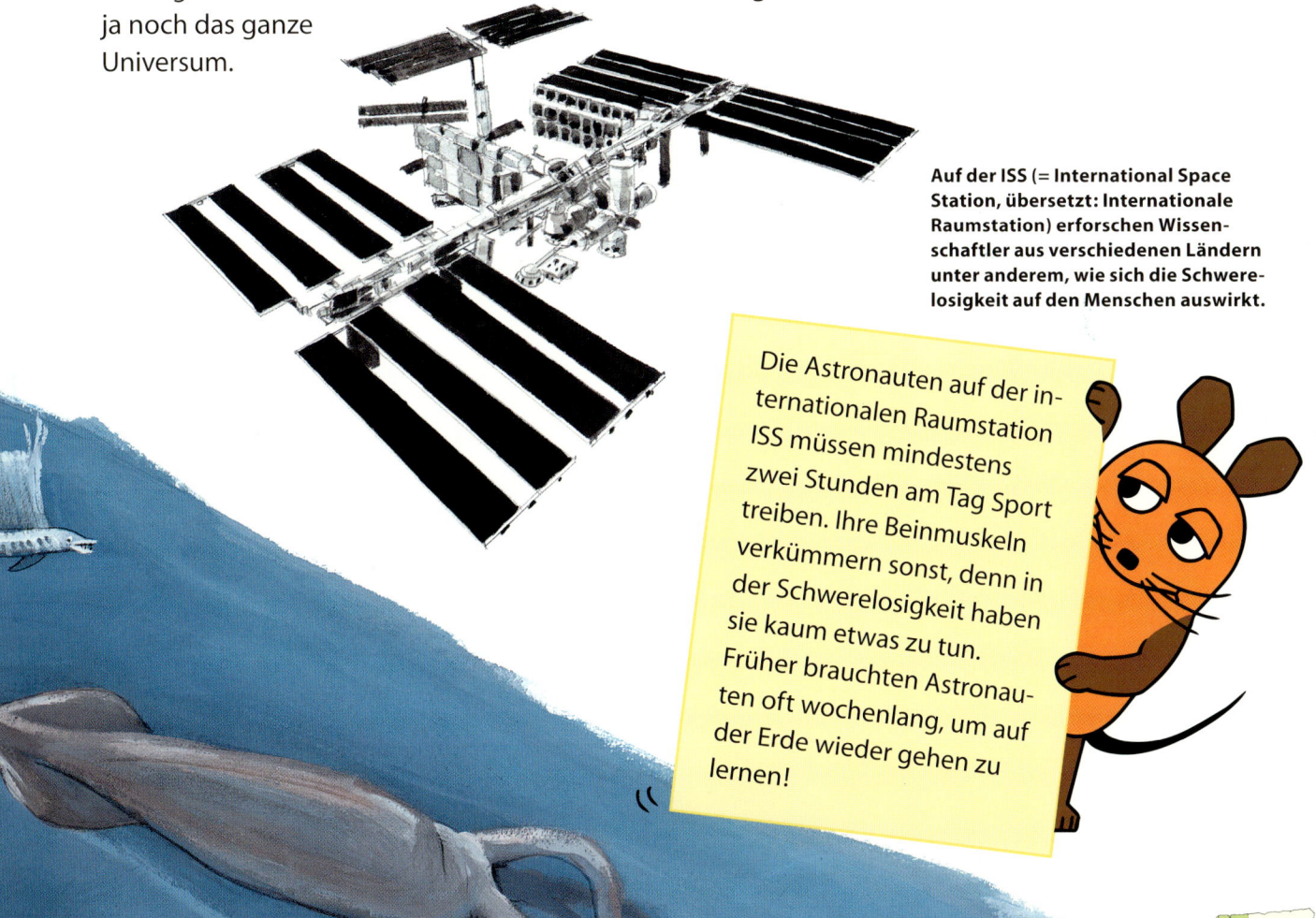

Auf der ISS (= International Space Station, übersetzt: Internationale Raumstation) erforschen Wissenschaftler aus verschiedenen Ländern unter anderem, wie sich die Schwerelosigkeit auf den Menschen auswirkt.

Die Astronauten auf der internationalen Raumstation ISS müssen mindestens zwei Stunden am Tag Sport treiben. Ihre Beinmuskeln verkümmern sonst, denn in der Schwerelosigkeit haben sie kaum etwas zu tun. Früher brauchten Astronauten oft wochenlang, um auf der Erde wieder gehen zu lernen!

Mauslexikon

Azteken: Mittelamerikanische Kultur, die im 16. Jahrhundert von den spanischen Eroberern zerstört wurde. Die Nachfahren der Azteken machen einen großen Teil der Bevölkerung von Mexiko aus.

Beringstraße: Heute der schmale Streifen Meer zwischen Russland und den USA. Bis vor etwa 10 000 Jahren gab es dort eine Landverbindung zwischen den Kontinenten. Vermutlich wanderten die ersten Menschen auf diesem Weg nach Amerika ein.

Dukat: Goldmünze mit einem Gewicht von 3,5 Gramm – das ist etwa so viel, wie eine 5-Cent-Münze wiegt. Damit bezahlte man ab dem Jahr 1284 in Venedig. Diese italienische Stadt war im → Zeitalter der Entdecker eine der wichtigsten europäischen Städte, weil dort fast der gesamte Handel mit asiatischen Waren stattfand. Im 16. Jahrhundert wurden Dukaten auf der ganzen Welt im Handel verwendet.

Evolutionstheorie: Evolution bedeutet »allmähliche Entwicklung«. Eine Theorie ist eine schlüssige Erklärung. Mit der Evolutionstheorie erklärte Charles Darwin vor 150 Jahren, nach welchen Regeln die heutigen Lebewesen aus früheren Lebensformen entstanden sind.

Expedition: Entdeckungs- oder Forschungsreise.

Fossilien: Versteinerte Überreste aus der Vergangenheit, zum Beispiel versteinerte Knochen.

Inka: Südamerikanische Kultur des 13. bis 16. Jahrhunderts. Heute gibt es noch etwa 800 000 Nachfahren der Inka, die sich Qeros nennen.

Inuit: Sammelbezeichnung für mehrere Volksgruppen, die in Kanada und Grönland in der Arktis leben. Die Inuit sind die Ureinwohner der Arktis. Die frühere Bezeichnung »Eskimos« lehnen sie ab, weil sie oft abwertend gebraucht wurde.

Kap: Eine auffällige Landspitze. An einem Kap herrschen häufig besonders starke Winde und Meeresströmungen, die für Seefahrer gefährlich sein können. Als besonders gefährlich galt im → Zeitalter der Entdecker das Kap der Guten Hoffnung an der Südspitze Afrikas.

Kartograf: Jemand, der Landkarten zeichnet. Früher werteten Kartografen die – oft sehr genauen – Informationen über Orte, Gewässer, Entfernungen und Berge aus, die sie von Reisenden bekamen. Heutige Kartografen können noch viel genauer arbeiten, weil sie auch Satellitenbilder und die Ergebnisse von Computermessungen zur Verfügung haben.

Koje: Enge gezimmerte Schlafstelle auf einem Schiff.

Konquistadoren: Spanische und portugiesische Soldaten, die im 16. Jahrhundert Mittel- und Südamerika eroberten und die einheimischen Völker ausbeuteten.

Kontinent: Erdteil. Die sieben Erdteile sind Afrika, Australien/Ozeanien, Asien, Europa, Nordamerika, Südamerika und die Antarktis.

Maya: Eine Gruppe von Völkern in Mittelamerika. Das Maya-Reich war in der Zeit zwischen 500 v. Chr. und 1000 n. Chr. groß und mächtig. Heute gibt es noch etwa 6 Millionen Maya.

Missionar: Jemand, der Ungläubige oder Menschen, die an andere Götter glauben, zu seinem eigenen Glauben bekehren will. Missionare gehörten oft zu den Ersten, die nach den Entdeckern ein neues Land bereisten und mit den Menschen dort lebten.

Molukken: Eine indonesische Inselgruppe, im → Zeitalter der Entdecker als »Gewürzinseln« bekannt.

Moslem (auch Muslim): Jemand, der dem islamischen Glauben angehört.

Nomaden: Menschen, die keinen festen Heimatort haben. Manche Nomaden halten Herden und ziehen mit ihnen herum, andere folgen den Wildtieren, die sie jagen.

Pazifik: Das größte Weltmeer, auch »Stiller Ozean« genannt.

Planet: Ein großer Himmelskörper, der um eine Sonne kreist. Die Planeten unseres → Sonnensystems heißen, von der Sonne aus gesehen: Merkur, Venus, Erde, Mars, Jupiter, Saturn, Uranus, Neptun.

Polarstern: Der Stern, an dem sich Seefahrer auf der nördlichen Erdhalbkugel orientieren können. Der Polarstern steht nämlich genau im Norden und von ihm aus kann man dann die anderen Himmelsrichtungen berechnen. Er ist der letzte Stern an der Deichsel (das ist der Griff) des Sternbilds »Kleiner Wagen«. Vom Sternbild »Großer Wagen« aus kann man ihn gut finden: Man denkt sich eine Linie zwischen den hinteren beiden Sternen des Wagens und verlängert sie um das Fünffache von den Wagenrädern weg. Am Ende dieser gedachten Linie steht der Polarstern.

Seidenstraße: Der 7000 Kilometer lange Handelsweg von Ostasien nach Europa. Bevor der Seeweg nach Indien entdeckt wurde, gelangten die meisten Waren aus Asien auf diesem Weg nach Europa – unter anderem die kostbare Seide.

Sklave: Ein Mensch, der das Eigentum eines anderen Menschen ist. Im → Zeitalter der Entdecker war der Sklavenhandel weit verbreitet. Von Anfang an fanden einige das unmenschlich – aber erst im 19. Jahrhundert sprachen sich so viele gegen die Sklaverei aus, dass der Sklavenhandel schließlich verboten wurde.

Skorbut: Eine gefürchtete Krankheit, die durch Vitamin-C-Mangel verursacht wird. Die Kranken fühlen sich müde, bekommen Muskelschmerzen und blutunterlaufene Flecke auf der Haut, und die Zähne fallen ihnen aus. Viele Seefahrer starben an Skorbut. Erst 1750 entdeckte ein Arzt, dass man die Krankheit durch frisches Obst verhindern kann.

Sonnensystem: Ein Sonnensystem besteht aus einer Sonne und den → Planeten, die um diese Sonne kreisen.

Zeitalter der Entdecker: So nennt man die Zeit etwa zwischen 1450 und 1750. Damals zogen europäische Entdecker in alle Himmelsrichtungen aus, um neue Handelswege, Reichtümer und Länder zu finden, die sie erobern und besiedeln konnten.

Register

FRAG doch mal...

Die große Sachbuchreihe mit der Maus!

Frag doch mal ... die Maus!
Ritter und Burgen
ISBN 978-3-570-13145-9

Frag doch mal ... die Maus!
Unser Wald
ISBN 978-3-570-13146-6

Frag doch mal ... die Maus!
Autos
ISBN 978-3-570-13147-3

Frag doch mal ... die Maus!
Zeitreise
ISBN 978-3-570-13148-0

Frag doch mal ... die Maus!
Dinosaurier
ISBN 978-3-570-13149-7

Frag doch mal ... die Maus!
Flugzeuge
ISBN 978-3-570-13150-3

Frag doch mal ... die Maus!
Meere und Ozeane
ISBN 978-3-570-13151-0

Frag doch mal ... die Maus!
Mein Körper
ISBN 978-3-570-13152-7

Frag doch mal ... die Maus!
Pferde
ISBN 978-3-570-13153-4

Frag doch mal ... die Maus!
Fußball
ISBN 978-3-570-13404-7

Frag doch mal ... die Maus!
Weltall
ISBN 978-3-570-13155-8

Frag doch mal ... die Maus!
Indianer
ISBN 978-3-570-13402-3

Frag doch mal ... die Maus!
Wale und Delfine
ISBN 978-3-570-13156-5

Frag doch mal ... die Maus!
Wetter und Klima
ISBN 978-3-570-13401-6

Frag doch mal ... die Maus!
Piraten
ISBN 978-3-570-13683-6

Frag doch mal ... die Maus!
Tiere aus aller Welt
ISBN 978-3-570-13634-8

Frag doch mal ... die Maus!
Weltreligionen
ISBN 978-3-570-13622-5

Frag doch mal ... die Maus!
Unsere Erde
ISBN 978-3-570-13400-9

Frag doch mal ... die Maus!
Berühmte Entdecker
ISBN 978-3-570-13633-1

8004/19

www.cbj-verlag.de/diemaus